먹물을 받아내는 화선지처럼

이화우 시집

가히 시인선 007

먹물을 받아내는 화선지처럼

이화우 시집

가히

시인의 말

많은 것을 아직 찾지 못했다.
가령,
꽃이 지고 난 나무나 풀들의 말을 간과한,
시간의 형체라든가……

내 눈물의 의미를
조금은 안다.

만지고 보아야만 믿을 수 있는
세상을 산다.

2024년 10월
이화우

차
례

제2부

제3부

제4부

제5부

제1부

이름

유성우流星雨가 간밤에
지구 위에 쏟아지듯

당신 것이 아니라서 가끔 되돌아와

그때는, 슬픔이 아닌

슬픔을
놓고 품네

낙산공원

낙산에, 낙산에 앉은 새 한번 돼봤으면

지옥 혹은 더 깊이 생각이 내려가서

눈물 훅, 불어버리고 마른 울음 우는 새

가벼운 지붕들만 세상 끝 능선이다

허기는 잠영 뒤에 둥, 둥, 뜨는 허파처럼

하나 둘, 별 지우고 나면 눈 내리는 낙산에

찌

세상을 훔치려고 이쪽이나 저쪽이나 놀라, 반들거리는 생쥐의 눈알이다.

잠겨도 저항할 수 없는 숨 막히는 부력이다.

단체사진

어느 행사에서 찍힌 사진을 바라보면

새벽녘 가끔 보던 달 같다고나 할까

흐릿한 자리를 틀면 고여 있는 그 시점

쉬 사라질 영혼을 가까이서 은유하듯

불쑥불쑥 예감도 생략한 빛이 들어

그믐도 잡지 못하는 어둠들이 흐르네

물어볼 인사는 서둘러 비켜나고

우리는 윤곽으로 걸어가는 달 그림자

되비친 미래는 와서 건너 빛이 접히네

로드킬

상례喪禮 같은 것을 깊이 본 적 없었지만

울음에도 샘이 있나, 바닥 긁는 소리에

견고한 직감도 없이 머물렀던 시간들

슬픔 뒤에 보았던 맹세의 보풀 같은

저 불빛 하나에 주린 배를 내맡겼나

심장의 소리 나는 곳을 어설피 찾아갔나

부딪침이 무엇인지 뒤늦은 경계에서

수직과 수평이 맥없이 무너지다

천천히 중력을 잃고 얼룩마저 지운다

사막, 그 뜻

너로부터 시작했던 걸음은 여기까지

동침했던 문맹과 침묵을 키우는 사이

젖었던 모래 사이로 주문들이 살아나네

어느덧 커져가는 무화의 무두질은

그림자로 빠져나간 껍질 잃은 물의 통증

부재를 끌어당기며 흔들리는 물의 갈기

투명한 응시의 무게 교접 없이 벗어나는

겉돌던 내부의 까닭 없는 불가능이

난해한 웅얼거림에 끌려가고 없었네

청사포

노래에도 나오는 청사포를 가보았네

기억은 오래 익은 향을 내는 걸음처럼

그렇게 무작정 던진 애먼 사랑 청사포

왜, 여기서 가장 큰 슬픔을 묻었는지

이국의 등대 따라 붉은 눈물 지나간 듯

앞서간 물비늘 넘어 찰싹이는 물결들

암초 숨긴 저 깊은 푸른 물빛 사이로

격정보다 먼저 오는 이야기를 훑는다

영문도 모르는 사이 왔다 갔을 모래 소리

검룡소

샤먼의 탄식이 말갛게 사그라든

늦은 계절 이르고서 홀가분한 물줄기들

여기서 얼마를 더 지나 영혼은 만날까

그때가 꼭 아니면 소용없는 그 생 어디

짓무르던 자줏빛 바다가 일제히 이네

뭉개져 넘쳐버리는 천둥 먹은 하늘이 있네

이상하지, 탈색된 자유로운 이 기억이

빈 물병 주둥이에 미늘로 돋아나네

비늘을 번갈아 헹군 물소리가 가고 있네

황지

징표를 꺼내 들고 황급히 대보았다

각 많은 모서리가 이제야 맞춰진다

또 한 장 사진 속으로 나간 혼을 들인다

참 멀리 거슬러 온 행렬의 고난이여

어느 기억 앞에서 멈춰 서는 내생來生도

어긋난 파동에 떨며 이 길 위에 있었으니

아득히 먼 생각을 복원하는 사이에

하늘 끝 돌아 나가 몸 섞는 석양빛을

한 가닥 낮은 구름이 넋 놓고 보고 있다

묵

—다낭 혹은 하노이

몇 고비 이르고서 얌전히 가라앉아

다갈빛, 앙금들을 내려놓는 도토리

고요히 모금물까지 게워내는 그 무렵

저들끼리 얼기설기 찰진 소리 내면서

그냥 빻고 우려내 안치면 될 거라는

한 더미 장작이 타고 되직하게 굳어진 말

묵묵부답, 물속에서 성대를 다시 닫고

한 치 오차도 없이 껴입은 사발의 무늬

막 썰린 모서리 밑에 서로 당긴 얼룩이 있다

환절기

익명성을 데려오는 비가 종일 내린다
난만하던 바다도 이제 몸을 닫았고
먹물을 유난히 먹던 화선지를 꺼낸다

슬쩍슬쩍 그늘을 각인하는 시간이다
작고 까만 씨들이 유독 보며 열중하는
그 자리 내리지 못하는 그들만의 조응법

안쪽의 흔적보다 더 또렷한 창밖에서
눌러놓은 동섬을 쓸고 또 들춰낸다
뒤늦은 기침 소리가 두서없이 얹힌다

청미래덩굴

더불어
사는 일을 내 일찍
알았다면

꽃 아니라 가시라도 피워낼 줄
알았겠다

도르르 움켜쥔 손을 펴 볼 줄도
알았겠다

고래론論

저 아래 양옥집 건너 재개발 구역에,

고래라는 말을 들어본 적 있는가? 밤낮없이 화주를 처먹으며 고래 등 같은 집 내주듯 팔고 억울해서 고래 심줄처럼 고래고래 소리를 게워내는 그런 고래, 왜 그 있잖나 고래로 첩첩 산 넘듯 불땀 먹고 자글자글 끓는 구들에 등 지지던 사람들이 어느 해 겨울부터 고래실 건너 고래에 불 들어가듯 몰려가서 한판 피 터지게 싸우는 걸 구경하다 이번에는 등 터지지 않고 두 눈 부릅뜨고 손에 뭘 들고 가만히 지켜보고 있는 새우들을 봤다가데 그런데 그들이 아직 돌아가지 않고 뭘 지키고 있다는데 왜 그러는지 자네는 아는가? 저 울산 대곡천 암각화에 나오는 동물 있지 동해 물 건너 아직도 그렇게 고래를 잡아먹는 나라가 있다기에 지켜보고 있다는 게지 또 싸움 난다고,

고래희, 쪼아 만든 뭘 지키고 있다드만

조선인민군 우편함 4630호*

삽시간 벌어진 일 나는 다 못 적는다만

돌 지난 손을 놓고 그리 떠난 날부터 바삭대는 그 사연 아! 흩어질까 몰라 기표를 한 번 놓습니다. 어렵사리 검열 받던 일들이 다 슬퍼도 그리운 그 어설픈 어린 마음 그 이상 뭐가 더 있겠나이까. 약속이 달라 어긋나는 몇 번의 일로 하여 강산이 피로 물든단 말은 하지 마시고 황망한 시절 잘 견디소서. 우리의 꿈이 다시 만나는 일밖에 더 있겠나이까.

"할 말 이, 야기는 많은아 이것으로 긋매습니다."**

---

* 『조선인민군 우편함 4640호—1950년, 받지 못한 편지들』(이흥환 역)에 나오는 아내 홍은애가 남편 강득화에게 보내는 사서함.

** 홍은애의 편지 내용 중 한 구절.

제2부

새비재의 밤

뇌 속에 처박히는 별을 보고 싶었다

먹물을 받아내는 화선지처럼 우리는

두려워, 별자리에 툭 미끄러질 미래가

천신薦新

풀죽은 녹음 사이로 사과 몇 알 보인다

비, 바람, 햇볕이 명랑하게 박힌 저것

혼들이 아닌 것들은 심장이라 부르자

지나는 여름꽃의 강렬한 키스 아래

하늘 틈 속 올들이 착시처럼 뛰고 있다

오늘은 가까이 앉은 미동조차 아깝다

화서花序

침묵이 익숙할 즈음 새재를 관통하였다

새순을 꺾을 때는 몰랐던 쓰린 상처가

숨었다 확, 피어나는 꽃차례를 닮았다

사월은 이렇게 한차례 몸 지나서

결국, 더 폭력적인 열병을 놓아두고

여전히 터널 속으로 흘러들고 있었다

곡비哭婢의 체험을 상실한 우리는

이 봄의 절정을 서로 보며 묻지만

핏빛이 다 붉지 않음을 깨닫지는 못했다

만곡彎曲

결곡하게 물갈음 낸 석기시대 낚싯바늘

가장자리 두 굴곡은 봉하며 이어 맸다

저 끝을 두려움 없이 다른 생이 물었거늘

갈피갈피 뼈를 갈아 비린 곱이 넘어오다

쇄골을 관통하며 아가미에 도는 물기

화려한 눈속임들은 죽은 말이 아니란다

묽어져 희미하게 비등하는 살결들

또 한끝을 바투 당겨 지상에 놓고 간다

마지막 사력을 다한 목록들이 둥글다

금령총

그런가, 말을 타고 시종이 인도하다

방울 깊이 흔들어 차사差使를 달래며

두렵던 빗장을 열고 그만 나선 부신 길

그림자 내던지고 다다른 이 먼 곳

깃털로 나부끼던 소리도 탈골되어

두터운 결구로 생긴 화두 같은 금붙이들

애미가 애비가 지체 높은 이사금이

껴묻힌 별 하나를 산통 끝에 내어주듯

캄캄한 슬픔 안에서 애가 타던 애장터

산음에 들다

— 전 구형왕릉

형벌을 나눠 가진 돌들을 생각했다

어제 내린 찬비가 낙엽 위에 마르고

오기도 삭제도 아닌 어느 역사 끄트머리

반은 지하에다 나머지는 지상에 가둔

낱자로 잘게 부순 패주의 유언을

켜켜이 가슴에 안고 유민들이 떠난 자리

수장도 조장도 그 흔한 풍장조차

천상을 드나드는 나비조차 들지 않는

무거운 산들이 죄다 돌로 보인 날이었다

연

후두두둑 연밭 훑는 소나기가 지난다

중심이 부치는 듯 흔들거린 순간마다

허공이 긴 목을 잡고 일렁일렁 끌고 있다

한 더위, 뜨거움을 자다 깨다 간직하다

내보이는 미소는 눈부신 복종이다

이미 간 발소리조차 잡아끄는 절정이다

수국을 보며

저만치 유월을 가로질러 수국이 핀다
구름 사이 비치는 헛나비 헛꽃들이
묻어둔 속눈썹처럼 아리게 눈을 뜬다
말라가던 궂은일이 장마를 불러오다
지낼 만한 꽃말로, 다정하게 아른댄다
엳어진 촘촘한 꽃잎 가만가만 지나간다
시절의 능선인가 이미 다 넘은 비밀
지쳤던 날개가 깃을 접는 한 켠 어디
무진장 넓은 하늘이 동색同色으로 펼쳐 있다

그 여름 자귀나무

여름 손님 간 자리에 붉나무 꽃이 번다

악다구니 매미 소리 어느덧 금이 가고

백일홍 남은 자리에 해가 자꾸 박힌다

가다 펴다 오므리다 잰걸음 가쁘다

그 살이 달고 가던 그만한 그림자들

잎 마른 가지 끝에는 허공이 와 앉는다

귀향의 꼬투리가 그래도 봉긋하다

진물 나는 숲에서 이식되는 나무들

공출된 불쾌한 향이 꽃인 줄도 몰랐네

장마를 견디다

지상에서 비를 받는 소리가 각각이다

마른 밑자락이 때를 오래 기다리다

몸 안의 눅눅한 곳을 번갈아 품어준다

허공을 할퀴며 내달리는 빗금들이

난간을 두드리며 가까이 다가오다

난해한 망치를 두드리며 흡착음을 나눈다

제어 못한 목청이 조용히 섞이다

너무 먼 길들을 중력으로 휘게 한다

썩다 만 감자를 골라 부대 속에 담는다

적로笛露 혹은 적로赤露

소리가 가고 나면 목숨이 겨워 운다
바람 보낸 댓잎들이 남겨둔 달의 한쪽
두꺼운 골죽 마디에 착근이듯 생기 돈다

근원을 묻기에는 너무나 아득하여
무딘 입술 언저리로 취구를 당겨 대면
지공은 상류로 가는 징검돌을 놓는다

적요를 가르며 풀어내는 청清의 지배
겨 넘은 길의 소리도 흔들리다 끝내 눕고
가려진 갈퀴들마저 내보이는 새벽 강

더해가는 음들이 당도한 하늘 끝에
문턱을 나서는 지아비의 쉰 목청이
푹 패인 등골을 타고 흠씬 젖어 내린다

성벽은 현을 두고

—수원 화성

성벽을 따라가는 풀밭에 길이 났다

한 사람 또 한 사람 그 길을 돌아간다

풀보다 이야기들이 성벽을 맑게 편다

쓸려간 찰나라도 쌓아 두면 길이 된다

어룽대지 않았던 벽마저 거울이 된다

반복은 비워지더라도 안으로는 현이 찬다

자유로이 뒷길이 앞길이 된 것처럼

상현을 먹고 나선 하현달이 궁 앞에 떴다

한 번쯤 만났을지 모를 반쯤 가린 얼굴이다

섬소년

— 이정선

기타가 만든 섬을 끊임없이 따라간다

줄이 넘다 튕기며 잠잠이 열린 파장

한때의 자유를 찾다 파도 속에 잠긴다

들어가지 않으면 몰랐을 부름이

애타게 슬고 난 순간의 흔적 같다

점점 더 잠겨버리는 모가지가 없는 꿈들

읽지 않은 문장을 언제나 기다리다

조르던 이야기는 공주들이 채워간다

겹겹이 드센 파도가 일었다 지는 사이

골격

박동이 끝나고 말들이 돌아갔다

때 절은 지팡이에 도드라진 백채문

한동안 견디는 일을 건조하게 묻고 있다

제3부

반추

쉽게
넘길 수도 그렇다고
뱉지도 못해

잘근잘근, 망설이다
또 무얼 씹고 있나

한가득
남은 기도를
놓지 못한 손처럼

볼음도
—갈 수 없는 나라

밀약을 놓아둔 채 자주 갈 수 없는 섬

시야 밖에 방치된 무한정을 펼쳐놓고

가끔씩 역曆을 옮기던 손가락을 펴본다

엄지로 누르던 손가락 끝 지문이

섬을 잇는 모래톱에 선명히 새겨진다

또 한 삭 말랑한 수평을 껴안으며 건넌다

볼음도 달빛
—갈 수 있는 나라

해안 깊이 주인 없는 달빛이 들어온다
끌어안은 별들은 옹이처럼 박히고
점점이 선을 긋는다 등을 돌려 긋는다

가까이 있어야 할 잃어버린 저곳을
뿌리내린 달빛이 물 위에 당겨 놓고
깃는다 새도록 찢어진 수평선을 깃는다

소리를 말아쥐고 구르는 틈 속에서
가까스로 소진되는 심장을 건져 놓고
절반씩 부푸는 달빛을 쉬지 않고 섞는다

전파 장애

뚫어지게, 줄기차게 스피커를 쳐다보다

간헐적 파동인지 주기적인 확산인지
난독에 빠져버리는 귓밥 가만 떨린다

얼굴을 맞대고도 알 수 없던 순간들이

마음을 되짚고 흔들며 사라진다
들춰본 검은 커튼이 드리워져 말을 건다

흐르고 흘러가는 뚝 뚝 뚝 떨어지는

어깃장은 터널을 파고들 때 꼭 나온다
지지직, 심하게 탄다 이 중력의 브레이크

파두

고주파 안에서만 떨고 간 저 음역은

기록 없던 마음이 스며 번진 생의 지문

가늘고 오래 일그러진 무딘 칼의 본능이다

먼저 간 일이나 그렇지 않은 이유도

녹빛을 잇대며 영혼을 맞추는 일

어느 날 태몽 사이로 가끔 드는 비처럼

대치 중인 차가움이 쏟아지는 비문 위에

꼭 한번 물이 든 내 피를 덜어낸다

마지막 호흡을 멈춘 심장을 누가 친다

쿠니사격장

꽃을 따 주려 할 때 너는 극구 말렸다

한 움큼 잔상들이 결국 비로 내리고

맑아진 하늘 가까이 봄별이 들었다

마음은 다르게 좁은 방에 모이고

미열의 노선 따라 나눠주던 알랑미가

떨어진 유탄을 물고 녹슨 피로 내린다

눈매를 닦아 내린 미세한 눈꼬리에

자라다 멈춘 것이 앙다문 소리를 낸다

꽃받침 하늘거리다 매화향에 다 진다

유무상생有無相生

맹렬히 해를 향해 질주하는 사물들을

지축에 당겨 놓고 안간힘을 다 쏟다가

급기야 기다란 목을 분지르고 누웠다

의지라면 의지일 예각을 둔각 삼아

휘지 않는 직선과 일체가 되기까지

스스로 어수룩하게 내면을 지키고 있다

애초에 일탈을 꿈꾸지 못했다는

굳어진 오랜 궤도를 천천히 말아가며

오늘도 참 다행이라며 절벽을 또, 넘었다

재미없는 시조

동쪽으로 뻗은 가지
거기 늘 있던 정오

흔들리는 하늘을 일제히 보고 있다

두꺼운 등피를 깨고 쏟아지는 왈츠의 봄

어쩌다 돌려놓은 저항 없던 화분에서

하마터면 썩을 법한
소리들이 튀어나와

스산한 그쪽 방언을 탄피처럼 쏟고 있다

불길한 바람이 뒤지는 배경에서

겨울을 난 태아들이 일제히 깔깔거리며

두꺼운 지층 속에서
비스켓을 먹고 있다

귀로

— 맹금류를 쫓는 후배에게

한쪽 눈은 서로 없다
그래서 평면이다

타협 없이 생사를 가르다 비틀어진

짤막한 시간의 상처가
뷰-파인더를 지나간다

소리는 빠르게 올 수 없어 여운처럼,

막 쓰인 진혼곡처럼,
둔탁하고 느리며

움켜쥔 발톱을 적시다 멀리 떨어진다

응시鷹視는 그전의 일이라 기억에 없다

파고드는 시선은

날개의 조바심일 뿐

활로가 바뀌는 공간만 발밑에서 꿈틀댄다

남해 금산

금산에는 있을 것 같은 날실의 낡은 품속

좀약 내, 오래 찌든 헐렁한 양복이며

깊이도 묻어두었던 남해대교 관광 수건

빨아도 그저 그런 배내옷에 묻어 있을

바싹하게 잘 익은 그날의 화전 몇 장

해 길어 다 잡지 못한 그림자를 따라간다

봄 그림자

그 비백
뒤껼에서

문득 간 꽃잎들이

던져버린 향기로 썩지 않고 쟁쟁하다

구멍집 어둠 속에도

메아리가
누대 산다

손돌목에 대하여

피난 중에 겪었다 앞도 뒤도 화급한데

재촉하여 인도하고 헤아리지 못하여

저 검은 염하의 뱃길을 살길이라 택했다

황공 하나이다 이 남루 천출에 무지렁이

공무도하空無渡河 정신 나간 살풀이로 떠돌다

한목숨 돌려드리려 쾌척했던 것인데

목이 떠간다, 가벼이 빈 페트병 흘러간다

내려선 급살에 헛헛한 파도 속을

뒤채는 뻘물 깊숙이 부력이 끌려간다

약속

족속을 알아보고 반기는 일이란

조금만 흔들려도 닿지 않아 직선일까?

쉼 없이 불러보아도 알아듣지 못한다

살점이 깨어지고 뒤엉켜 이지러져도

방언을 깨고 나온 알몸은 알아본다

한차례 비명을 더 쏟고 소란을 이어간다

무게 있던 사랑이면 흔들리지 않았겠지

유리창을 부딪는 두툴두툴한 기억들

난간에 머뭇거리다 말을 두고 떨어진다

첫눈

간 듯, 아니 간 듯 설핏 덮인 발자욱같이

첫사랑 묻혀 있는 그쯤이란 말속 같네

산벚꽃 밀물로 흐린 하늘 잠깐 보이네

제4부

처서 지나고

식전, 알약 한 알

좀처럼 아물지 않던

다 드러난 목청으로 막, 벌어진 도라지꽃

맥인가

낯선 계절이

실핏줄에 뛰고 있다

상추씨를 받다

밀어둔 불안을 먼 곳으로 데려간다

쑥, 올라온 꽃대에 검은 비닐을 씌우며

지극히 여린 승천을 다독다독 품어준다

물긋 물긋 뻗어가던 촉촉한 몸의 투명

한 번도 열지 않은 눈과 귀, 입을 받아

붐비며 매달리던 봄을 두근두근 두었다

북

봄날이 만지지 못한 숱한 새의 눈물처럼

머금은 울음이 가로젓던 옹이들처럼

무뎌진 입술에 남은 아픈 귀의 굳은 상처

질주하던 직선이 갖지 못한 곡선처럼

피부를 가져버린 소리의 비애처럼

오히려 가벼움에도 까닭 없이 남은 유서

치리라, 치워지지 않는 거리의 거리에서

황산벌 먼지 이는 영월 땅의 검은 하늘

한쪽을 거둬 가버린 독재자의 피처럼

징

누가 깊은 목청을 이리 놓고 갔는가

엉겁결에 흩어진 명료하던 공수들

빙의로 되돌아온 듯 언뜻언뜻 보인다

제 귀로 들을 수 없이 먼 산에 부딪치는

휫배 앓던 뿌리들의 미동 없는 눈사태

떠날 듯 되살아나는 눈먼 말의 부재不在들

날숨을 거둬들인 거친 그 순간에도

뱉지 못해 슬쩍 남긴 농한 것의 빛깔들

소리도 또 갈다 보면 쟁이는 걸 알겠네

칸나

하필,
이 염천에
피어야만 하는가

해체된 심장을 들고 태양이 두드리는

그녀는 기일忌日 앞에서 몰락을 넘고 있다

씻겨 내리지 않은 검은 딱지 속으로
덜 여문 꽃잎들이 포개는 발소리를
한없이 너펄거리며 듣고 있는 시체의 잠

집요함은 녹이 핀 강렬함도 이기고

한발 더 다가서서 쳐다보는 내일의 죽음

아, 나는
저 빛에 가린 고통을
건너고 있다

벼루

어렵사리 아끼던 말까지 했나 보다

'0'이라 써놓은 표식을 떼어내고

둥글게 각을 다 쳐낸 벼루 한 점 사 온 날

어느 사형수가 수형 중에 다듬었을

깊은 연지硯池에 한가득 물을 채워

물로서 저쪽 세상을 가늠해 보는데

항간에 있을 법한 길을 대신 막고서

뒤를 보면 제 빛이 까만 거울이다

이름을 갈고 난 만행 사경 한 폭 걸린다

거돈사지에서 비박을

폐사지에 들렀다 가을볕이 참 좋아서

제 생각도 모르고 축대에서 늙어버린

千千手 손잡아 끄는 느티나무에 잡혀서

비박 한번 하자고 너스레 떠는 돌탑과

달빛에 쏟아도 남아 있을 별빛 무리

낱낱이 보듬어 보고 모두 읽고 싶었다

궁체 쓰는 가을날

가지런히 세로획이 옥판지에 들어서고

비질하는 청묵 속에 발묵으로 오는 단풍

앞서서 돌돌 마르며 바삭이는 자음들

가느다란 협서挾書 끝에 매달려 피는 주사朱砂

아득히 멀어지다 귀에 모인 안부인가

깊숙이 처마에 드는 가을볕의 잰걸음

난도

품속에 품지 않는 칼날은 거두었다

깊이 든 문자의 근원에서 멀리 나와

마지막 맹세의 끈도 풀어서 거두었다

애써, 보지 못한 검은 눈을 쓰다듬고

종족의 피를 받아 행성을 두드린다

경편도 배음을 찾아 맑은 길을 건넌다

겨울 산역

부토敷土, 부우-토, 가까이 당도한 말

지극한 애통은 오래 간다 들었는데*

앞섶에 흙 한 삽 안고 상주가 흩다 운다

언 땅 열어 가슴에 꽃 한 송이 놓아두듯

백지에 뿌린 흙이 뿌리로 뻗어가다

지긋이 아래를 눌러 바깥 일을 닫는다

마침내, 두드리며 이어지던 발소리가

이제껏 눌렸던 궤적을 찾아낸다

첫 그늘 멈칫거리다 산자락에 깊이 든다

---

*『예기』,「삼년문」 큰 아픔을 겪은 자는 낫기까지 오랜 시일이 걸리고 애통함이 심한 자는 그 낫는 시일이 더디다.

소묘 한 점
—굿바이 보이저

달걀 같다, 끼니 거른 이곳에서 바라본 달

프라이를 달궈볼까

언제쯤 뒤집을까

미세한 수치를 읽어내는 사월 하늘 꽃지짐

열매

파문이 일지 않을 깃털이라 생각했다

가깝다는 그래서 붙잡았던 기억도

통과한 빛의 살결보다 무겁지는 않았다

잠깐씩 복원되는 바람이라 불렀던

견딜 만한 예민함이 무던히 짓물러져

통점도 감지되지 않을 살점으로 남았다

몸을 휘는 집착이 인칭으로 따라와

거칠고 억센 손에 날카롭게 잘려갔다

조금씩 가까워지던 지상이 또 멀어진다

외출, 그 후

가끔 가는 병원 로비에 고무나무 서 있다

큰 화분의 둘레는 신발로 알았을까

뭉쳐진 길들 펴본다 발이 몹시 아팠겠다

초점이 흔들리는 눈들을 바라보며

빽빽하던 그 잎들 물기 없이 드러내며

완강히 지나는 빗줄기 그렸는지 모르겠다

한창 서는 침묵에 *네가 더 많이 아파*

각질마저 떨어져 나간 골격이 불거진다

비집고 문지르던 해가 서쪽으로 더 기운다

가을밤, 고향 집에 비 내리고

끊어진
초저녁잠 가다 만

옛길 간다

적색등 보도 위에 풀벌레도 걸어간다

낙숫물
또-옥 똑, 뛰어내려 패인 길을
재촉한다

제5부

감은사지

꽃 지듯 남은 절터

하늘 걸린 빈 대궁에

걸으신 오늘 하루 자락이 내려앉아

감지 속

연분緣分을 묻나

달빛 흐린 금사 한 줄

비비새 울고

비가 올 전조던가, 비비새 비비 운다

비비비 비비 비비 단선율이 깔린 마당

웃자란 푸성귀 솎아 노모가 다듬는다

나무숲 울타리에 마가리 걱정인가

북채 놓친 고수처럼 감나무도 툭- 툭-

얼떨결 귀 넘어 듣다 떨궈내는 도사리들

고목이 된 산수유를 부여잡고

죽음에서 움트는 윤곽을 더듬는다

'싫다'는 어절 앞에 툭, 놓인 안타까움

뭉쳐진 작은 목소리가 언제쯤 또, 나오나

평미레로 쓸어낸 그해 봄을 붙잡고

쌓인 빛이 득실대는 붉은 입에 묻는다

망각한 울음 때문에 반나는 골이 깊다

부의주를 빚으며

밀주처럼, 누룩취가 스며드는 가을비처럼

폐쇄된 광을 열고, 맑아서 신神인 것처럼

춤추듯 청향 위에서 떨어지는 기억이다

축문을 읽어가는 할아버지가 있었다

우물거린 탁음 속에 가둬버린 슬픔이

판자벽 옹이에 기어드는 해거름 길 같았다

한 뼘의 손마디가 확대되는 것처럼

소설小雪을 앞에 두고 간지를 꼽아보는

시큼한 냉국 사이로 소름 돋는 눈발이 인다

피맛골에서

구부정히 뒷문으로 드나든 날 많았다

삭아버린 지도에서 기어 나온 한때 알람

가난한 청춘의 얼굴 자화상이 놓인다

깡그리 거둬가는 몇 푼의 죄익세도

다 털린 주머니를 관통하며 오는 봄도

박하게 잔 속에 남아 셈도 없이 가던 하루

흐릿한 손금에서 못 지운 화인인가

비틀린 욕설이 나뒹구는 순간에도

기어든 쥣값이라며 비릿하게 목을 쥔다

빗살무늬토기

뭉그러진 두 발로 꿈쩍없이 버티다

그만, 누워 버렸네 굽 없는 저 그릇

서붓이 내미는 은유 만장 한 폭 펴 드네

다단한 생명들 깨고 나간 틈사이로

골몰하던 흔적들이 악 패듯 역력하다

붉은 등 마르며 지난 저 허공 저 요철

갈돌

삭지 못한 뼈가 있어 다독여 안고 왔네
하루치 거머잡은 어렴풋한 호미 끝에
기어이 끊긴 세상을 되먹이며 들고 왔네

적멸을 털어내면 양각된 음이 있네
돌에 묶어 나직이 내려놓은 흔적까지
간신히 그릇에 남은 깊고 깊은 고요도

거기, 세상 밖은 동東인가요 서西인가요
목숨의 얼개처럼 등 푸른 비린내도
내밀한 한때를 건너 선연히 피고 있네

온달산성

익어, 떨어지는 상수리가 구른 절벽

눈으로는 차마 못 미칠 아찔한 그 벼랑에

꼭, 거기 자리를 잡는 함성 끝의 나라여

동강 난 이념들이 성벽보다 더 견고한

옥죄는 수렁 속을 툭, 툭, 털고 오는 이름들

여전히 끊이지 않는 교두보로 서 있었네

거스르며 달려가는 대간大幹의 산허리에

시절은 드나들며 같이 아는 꽃이 지고

나누는 설화 밖으로 단풍 물이 환하네

북성포구

말라가는 것들을 적시는 물의 끝점

이리저리 엇갈리다 흘러든 부유물이

떨어진 무게의 기억을 지형도에 옮긴다

가다울 찾아나선 서낭당 바람인가

발을 들고 귀를 내민 헐렁한 공터에서

찾아온 일볼을 베는 칼끝 같은 셔터 소리

집요한 싸락눈이 파시의 노크처럼

세상의 얼룩과 기척을 흔들 때

얇아진 프린트 속에는 그림자만 출력된다

패霸를 걸다

반상의 승부사는 여전히 패를 건다

행마가 길을 잃고 주춤 주춤 느려지고

고단한 싸락눈까지 두드리는 선술집에

너도 한 잔 나도 한 잔 팻감으로 써먹었던

달콤하고 씁쓸하던 일상의 순간들이

뒤보면 미생인 채로 손 내밀고 있었다

마지막 초읽기도 허술히 다 넘기고

어느덧 내보이는 자정의 허리춤에

궁도를 넓히며 가는 별은 돌고 있었다

미래는 미래를

묵은 달력 한 장을 넘기다, 잠깐이다

몸은 벌써 여기에서 미래처럼 앉았는데

숫자는 다시 태어나 점점이 걸어간다

형제같이, 순산에 나눈 피도 아닐 텐데

키만 자꾸 웃자라 0과 1의 반복이다

반복은 두꺼운 껍질을 갉아먹고 상실한다

그림자를 지워가며 녹고 있는 오늘에게

머지않은 기억들은 태연히 적어둔다

소리가 없다는 것은 다 마른 과거 같다

이후라는 것은

퇴근한 빈 작업장에 벌레들이 들어온다

햇살 나고 미물들을 흔들어 쓸어낸다

노숙은 너무 슬퍼서 이슬 근처 놓아둔다

그해 여름이리라 발꿈치를 볼라치면

구애는 속수무책 안달을 넘어서고

끝 돌다 맴맴 서걱이다 주저앉은 허기였나

재촉하는 계절 앞에 애도는 꺾어진다

하릴없이 미어지고 휘어지는 등허리에

적막을 안은 것처럼 바람기가 파고든다

한 끼를 소리로 먹었다

도마 위 칼날에게
처음 썰려 나가는

짧은소리 허브의
초록을 먹었다

별들은 몇 단 위에서 눈을 뜨는 겨울이다

장항리 별사

정각행 따라가다

덩그렁 남은 좌대

앙련, 복련, 그도 모자라 저물녘 각혈까지

능선을 쓸고 간 목 위에

점점 앉은

진달래

해설

고전적 깊이와 발효의 문양

정수자(시인)

이화우는 이화우인가, 하고 보면 이화우李和雨는 이화우梨花雨가 아니다. 이화우는 이화우라는 이름으로 시조를 쓰는 지금 이곳의 시인이다. '梨花雨'를 다시 새롭게 일깨우는 시인의 이름에 말맛을 얹어본다. 이화우는 볼수록 아름다운 아우라를 풍기는 조어다. 봄이면 꽃비의 운치에 잠시 기대보는 도처의 호명이 난만하다. 그런 이화우를, 그것도 할아버지의 작명으로 받아든 이화우는 이름의 운명을 어떻게 메고 왔을까. 볼수록 이름에 따라다녔을 무게가 어린 시절부터 유달리 컸을 법하다.

한국 문학사에 길이 남을 빛나는 표현인 이화우. 이화우는 조선 부안 땅의 매창 덕에 우리네 고전을 오늘의 풍류로 살아가고 있다. 웬만하면 외우는 시조 "이화우 흩날릴 제 울며 잡고 이별한 님/추풍낙엽에 저도 날 생각는가/천리에 외로운 꿈만 오락가락 하노라"는 여전히 빛이 바래지 않는다. 지금도 비 머금은 봄날 홍취가 도도해지면 너도나도 읊조리는 명편으로 소환된다. 배꽃이 산자락이나 들녘에 하얗게 흩날릴 제면 사람들 마음에도 이화우가 갈피갈피 날리는 것이다. 매창이 아니었으면, 아니 절창의 시조가 아니었으면, 훗날 배꽃을 그리 높이 즐기진 못했으리라. 시 한 편, 시어 하나가 얼마나 오래도록 그리움의 서정을 부르고 살리는지 새삼 돌아보게 한다.

그런 이름의 이화우 시인이 시조를 쓰는 것은 당연한 운명일지도 모른다. 그리고 이화우에 겹쳐지는 고전적 미감을 그가 어찌 되살리지 않을 수 있겠는가. 아무려나 이화우 운운 흩날리는 단상들은 『먹물을 받아내는 화선지처럼』 더 그윽이 만날 수 있다. 고전적 소양과 취향이 이화우 특유의 묵향 같은 격조로 발화되는 것이다.

*

이화우 시인에게 고전적 미감이란 일종의 운명일지 모른다고 했지만, 실은 그가 좋아서 기울어간 남다른 취향일 수 있다. 굳이 이름의 소임을 받들고 닦는 데 쏠렸다기보다 자신의 마음길이 고전에 더 홀리는 미감으로 나타난 것일지도 모른다. 그가 조선 선비의 교양이자 필수였던 서예에 힘쓰는 것도 먼저 좋아야 택하는 것이고, 최근에 전통술 담그기에 빠진 것 또한 그쪽에 기우는 정서가 크기 때문일 것이다. 무엇보다 많은 시편이 그의 정서와 감각과 취향이 고전 쪽에서 더 발휘된다는 점에서 그러하다. 하지만 고전의 단순 복기는 배제 대상이라 시인은 현대 정형시에 맞는 고전적 격조의 발화에 진력하는 듯하다. 먼저 다음 작품은 현대의 정형시로 거듭나는 시조의 면모를 잘 보여준다.

그 비백

뒤꼍에서

문득 간 꽃잎들이

던져버린 향기로 썩지 않고 쟁쟁하다

구멍집 어둠 속에도

메아리가

누대 산다

―「봄 그림자」 전문

이 작품에서 시인은 "비백" 같은 고전적 용어와 함께 오늘의 현실을 넌지시 드러낸다. 비백飛白도 비백의 제시라기보다 그 "뒤곁에서//문득 간 꽃잎들"을 환기하기 위한 도입이다. 중장이 "던져버린 향기로 썩지 않고 쟁쟁하다"인데, 그 앞의 "꽃잎들이"가 주어니 이를 평서문으로 펼치면 "문득 간 꽃잎들이//던져버린 향기로 썩지 않고 쟁쟁하다"는 것이다. "비백"의 "뒤곁"으로 읽어야 할지는 조사가 생략된 까닭에 분명치 않다. 하지만 후각의 "향기"를 청각의 "쟁쟁하다"로 바꿔낸 표현은 공감각에서 나아가 꽃잎들이 "썩지 않"는 주체적인 모습으로 치환되는 효과도 빚는다. 그리고 "구멍집 어둠 속에도//메아리가/누대 산다"는 종장은 사람이 떠나도 여전히 "구멍집"에 살고 있는 "메아리"를 집의 주체로 만든다. 그 집이 사람만의 거처에 그치지 않는 것은 "향기"와 "메아리"가 "봄 그림자"로 함께 "누대"를 살고 있기 때문이다. 이를 절묘하게 잡아낸 단수에서 시인은 여백이 넓은 배행을 택하는데, 이는 함축을 깊이 들이는 미적 장치로 보인다. 이 작품을 3행 배열해서 읽어보면 행간에서 빚어지는 "봄 그림자"들의 여운이 확연히 줄어들기 때문이다.

시인의 고전적 미감이 발휘되는 시편은 시어에서 특히 많이 볼 수 있다. 어떤 작품은 사전에서 단어를 다시 찾아야 할 정도로 시인의 고전 소양과 시적 활용이 깊은 편이다. 다음 작품은 한문(학)이나 서예 등에 조예가 깊은 이화우 시인의 고전 취향을 여실히 보여준다.

가지런히 세로획이 옥판지에 들어서고

비질하는 청묵 속에 발묵으로 오는 단풍

앞서서 돌돌 마르며 바삭이는 자음들

가느다란 협서挾書 끝에 매달려 피는 주사朱砂

아득히 멀어지다 귀에 모인 안부인가

깊숙이 처마에 드는 가을볕의 잰걸음

—「궁체 쓰는 가을날」 전문

우선 「궁체 쓰는 가을날」이라는 제목에서 시인의 고전 소양이 물씬 풍긴다. 여기에 "세로획"과 "옥판지"를 비롯해 "청묵", "발묵" 그리고 "협서挾書"며 "주사朱砂"까지 마음으로 새기다 보면, 가을의 그윽한 시적 와유臥遊라 할 만하다.

실은 더 찬찬히 봐야 고전적 용어로 아우르는 가을의 궁체를 만날 수 있다. 궁체는 궁중에서 쓰던 궁녀들의 한글 서체로 조선 후기부터 더 많이 쓰인 단아한 글씨체다. 현대에 와서는 갈물 이철경이 궁체의 경지를 이루며 한글 서예의 아름다움을 널리 알린 것으로 평가된다. 그런데 궁체가 컴퓨터 글씨체에도 있으니 고전 속의 글씨체라고 할 수만은 없다. 다만 붓을 잡아본 사람이면 "세로획" 잘 긋기가 매우 어렵다는 것을 알기에 이 대목에 한참 머물게 된다. 이화우 시인은 서예를 잘 알아서 "옥판지에 들어"선 "가지런한 세로획"을 불러냈을 것이다. 옥판지는 '폭이 좁고 두꺼우면서도 빛이 희고 결이 고운 고급 선지'니, 초장부터 펼치는 고전적 취향은 청묵青墨과 발묵潑墨에 이르기까지 만만치가 않다. 발묵이 '먹물이 번지어 퍼지게 하는 산수화법'의 하나임은 알아도, "청묵"은 전문적인 용어인 까닭이다. 먹에서도 '늙은 소나무나 그 뿌리, 관솔 등을 태울 때 생기는 그을음을 아교로 굳혀 만든' 송연묵이 약간 청색을 띠어 청묵青墨으로도 부른다고 적시해야 단풍의 형상화가 더 오롯해지기 때문이다. 이 정도쯤 찾으면 "비질하는 청묵 속에 발묵으로 오는 단풍"으로 압축한 단풍 비유의 진면목을 볼 수 있다.

여기에 협서夾書, 주사朱砂를 다시 봐야 한다. 협서는 '본 글에 대하여 그사이에 덧붙이는 말을 옆에다 쓰는 것'이고, 주사는 붉은색 광물성 안료를 이른다. 주사도 '산호색의 부드러운 돌을 갈아서 물에 풀었을 때 엷은 윗부분은 주표朱標, 좀 무겁고 짙은 부분은 주사'라는 설명을 봐야 선명해지는데, 진사라면 쉽게 알 것을 주사로 쓴 것은 단풍의 짙붉은 색을 더 살리고 싶어서일 것이다. 왜냐하면 그가 그리고자 한 것이 다름 아닌 "궁체 쓰는 가을날"인 까닭이다. 그런 표현들보다 우리는 "아득히 멀어지다 귀에 모인 안부인가" 같은 구절에 더 깊이 꽂혀 귀를 모아보고, "깊숙이 처마에 드는 가을볕의 잰걸음"에 더 그윽해지며 행간에 들어서지만 말이다. 물론 마지막 두 문장의 여운도 앞에서 끌어온 가을이 발묵처럼 녹아들었기에 깊어졌을 것이다. 그만큼 압축과 함축이 고전에 깊이 닿아 있어 품을 들일수록 깊어지는 가을이다. 그런 면에서 "궁체 쓰는 가을날"이야말로 그 누구의 가을도 아닌 가히 이화우만의 이화우다운 가을 진경이라 하겠다.

이렇듯 고전적 소양에서 일상으로 발상을 잇대며 발화하는 작품은 묵직한 울림을 담보한다. 시인이 늘 어루만질 「벼루」에서는 "항간에 있을 법한 길을 대신 막고서//뒤를 보면 제 빛이 까만 거울이다//이름을 갈고 난 만행 사경 한 폭 걸린다"고 벼루를 통해 벼려 온 "만행"을 길어낸다. 전통악기 「징」에서는 오래된 소리의 진원을 탐문하듯 "누가 깊은 목청을 이리 놓고 갔는가"라며 웅크린 "목청"을 불러내기도 한다.

*

옛 시들이 시가詩歌로 발현되고 계승됐음은 두루 아는 사실이다. 여기서 시조는 더 나아가 가창歌唱으로 향유되다 뜻 있는 이들의 채록을 거치며 가집歌集으로 전해진 역사를 갖고 있다. 노래라는 특성이 시의 기본 자질이자 미적 완결이었던 시절에 비하면 현재의 노래성은 현저히 멀어져 있지만 말이다. 그럼에도 가락을 살리는 율격의 공삭은 맛을 도외시하면 시조의 미적 완성도를 놓치기 쉽다. 반복하는 고민과 고백이지만, 시조의 노래성 전통과 특성을 양식에 맞게 잘 타고 넘어야 하는 것이다. 하지만 이미지가 더 중시되는 현대에 들어서는 노래성과 미학성의 조화가 만만치 않은 실현으로 정형시 쓰는 시인들을 죄어든다. 앞에서 이화우 시인의 고전적 미감을 더 들여다봤으니 노래성이 돋보이는 작품도 살펴볼 차례다.

노래에도 나오는 청사포를 가보았네

기억은 오래 익은 향을 내는 걸음처럼

그렇게 무작정 던진 애먼 사랑 청사포

왜, 여기서 가장 큰 슬픔을 묻었는지

이국의 등대 따라 붉은 눈물 지나간 듯

앞서간 물비늘 넘어 찰싹이는 물결들

암초 숨긴 저 깊은 푸른 물빛 사이로

격정보다 먼저 오는 이야기를 흩는다

영문도 모르는 사이 왔다 갔을 모래 소리

—「청사포」 전문

이 작품은 초장부터 어깨 풀고 흥얼거리는 노래처럼 독자를 "청사포"로 끌고 간다. 때는 늦은 가을이어도 좋으니, "기억은 오래 익은 향을 내는 걸음"에 얹히는 향기 때문이겠다. 기억이 익을수록 "향을 내는 걸음"이면 더 좋으련만, 그렇지 않더라도 괜찮으니 "앞서간 물비늘 넘어 찰싹이는 물결들"에 "붉은 눈물"들은 다 씻어 보냈을 터라 그렇다. 거기서 "이국의 등대 따라"라는 구절로 부산이라는 장소성을 환기하는 것은 "무작정 던진 사랑"의 속성을 "청사포"에서 더 불러내는 요인으로 작용한다. 국제항구인 부산에서는 그런 사랑이 더 많았을 법하니 말이다. 하지만 "영문도 모르는 사이 왔다 갔을 모래 소리"라고, 시인은 굳이 묻지 않고 세월의 품에 묻었을 사연들을 되뇌어본다. 왠지 그곳에 묻었지 싶은 "가장 큰 슬픔을", 그 후에 달리 보이고 달리 들리는 "청사포"의 물빛과 물살을. 그런 사연들의 짐작이 편하게 가락을 타고 노는 작품에서는 누군가의 "애먼 사랑"도 더 서늘히 짚인다. 다음 작품도 어느 장소에 쌓인 삶의 곤때 같은 속성들이 발효되는 모습을 노래처럼 잘 짚어 보인다.

구부정히 뒷문으로 드나든 날 많았다

삭아버린 지도에서 기어 나온 한때 알람

가난한 청춘의 얼굴 자화상이 놓인다

깡그리 거둬가는 몇 푼의 죄악세도

다 털린 주머니를 관통하며 오는 봄도

박하게 잔 속에 남아 셈도 없이 가던 하루

흐릿한 손금에서 못 지운 화인인가

비틀린 욕설이 나뒹구는 순간에도

기어든 죗값이라며 비릿하게 목을 죈다

—「피맛골에서」 전문

금산에는 있을 것 같은 날실의 낡은 품속

좀약 내, 오래 찌든 힐링한 양복이며

깊이도 묻어두었던 남해대교 관광 수건

빨아도 그저 그런 배내옷에 묻어 있을

바싹하게 잘 익은 그날의 화전 몇 장

해 길어 다 잡지 못한 그림자를 따라간다

—「남해 금산」 전문

위 작품에서 시인은 예전의 피맛골을 그려보며 오늘의 힘겨운 삶을 겹쳐 짚는다. 피맛골은 서울시 종로구 166번지 일대로 종로1가에서 6가까지 이어지는 비좁은 골목길. 당시 신

분이 낮은 이들은 말 탄 고관대작 행차가 끝날 때까지 엎드려 있어야 했기에 갈 길 급한 걸음들이 말을 피한다는 '피마避馬'에서 유래한 이름이다. 소문난 피맛골은 종로 재개발에 따라 다른 곳으로 옮겨져 골목에 오랫동안 배인 손맛, 음식 맛, 사람살이 맛을 잃고 현대적 건물 그늘에서 더 많은 발길을 기다리고 있다. 빌딩 사이에서 아쉬움과 그리움을 삭이는 현재의 쓸쓸한 피맛골은 고관대작의 말을 피해 "구부정히" 숨어들던 애환 어린 예전의 그늘이나 다를 바 없지 싶다. 그곳의 묵은 맛을 아는 시인은 "구부정히 뒷문으로 드나든" 날들을 그리며 지금도 여전히 가난한 사람들인 "가난한 청춘의 얼굴"을 빗대본다. 그런 소회가 "기어든 젓값이라며 비릿하게 목을" 죄는 느낌으로 씁쓸한 뒷맛을 길게 남긴다.

「남해 금산」은 아름다운 남해의 풍경을 왠지 "남해대교 관광 수건"을 통해 되작이는 모습이다. "좀약 내"도 나는 "오래 찌든 헐렁한 양복"을 더 생각하는 것은 무엇 때문인지 모르지만 시인의 "남해 금산" 기억이란 그런 것이다. "빨아도 그저 그런 배내옷에 묻어 있을" 뻔한 느낌은 "바싹하게 잘 익은 그날의 화전 몇 장"으로 되살아나는데, 화전은 아마 화전花煎이지 싶다. 아름다운 진달래 꽃전이 왜 그리 허전하니 "해 길어 다 잡지 못한 그림자를 따라간다"고 되게 하는지는 알 수 없다. 무슨 추억이 길게 남긴 했는데 즐겁지만은 않은 것인가, 그런 짐작만 더듬어볼 뿐이다. 금산은 '소금강小金剛 또는 남해

금강南海錦江'으로 불릴 만큼 아름다운 데다 남해도 봄날이면 더 많이 불려 나오는 절경의 풍광으로 '남해금산'이라 불리기도 한다. 특히 이성복의 시집 『남해 금산』으로 문학에서도 이름이 더 알려졌기에 이화우 시인의 "남해 금산" 어느 갈피의 "화전"이 그리 남았는지, 쓸데없이 궁금해지는 여운이 있다.

*

이화우 같은 울음이 없으면 이화우 시인이 아니냐. 그렇게 말해도 되려나 싶지만, 그런 느낌도 감도는 이름이다. 아리랑에 울음의 삭은 맛이 실려 더 멀리 가듯, 이화우도 그런 울음 여운 같은 것이 서리니 어찌하랴. 굳이 그렇게 말하고 싶은 이름의 품을 나직이 뇌게 하는 작품을 보자. 정승 같은 게 아니라 참아도 가슴을 치고 나오는 울음이 에밀레종처럼 남는 시편은 「겨울 산역」이다.

부토敷土, 부우-토, 가까이 당도한 말

지극한 애통은 오래 간다 들었는데

앞섶에 흙 한 삽 안고 상주가 흩다 운다

언 땅 열어 가슴에 꽃 한 송이 놓아두듯

백지에 뿌린 흙이 뿌리로 뻗어가다

지긋이 아래를 눌러 바깥 일을 닫는다

마침내, 두드리며 이어지던 발소리가

이제껏 눌렀던 궤적을 찾아낸다

첫 그늘 멈칫거리다 산자락에 깊이 든다

—「겨울 산역」 전문

이 작품에서 독자는 "지극한 애통은 오래 간다 들었는데"에 특히 오래 머물게 된다. 누군가의 전하는 말투를 빌리는 방식이 오히려 슬픔을 더 깊게 만드는데, 시인도 주석을 달아 두었다. 『예기』, 「삼년문」에서 '큰 아픔을 겪은 자는 낫기까지 오랜 시일이 걸리고 애통함이 심한 자는 그 낫는 시일이 더디다.' 그보다 맨 앞에 "부토敷土, 부우―토, 가까이 당도한 말"이라는 도입에서 이미 울음은 깊이 들어왔다. "부토敷土"를 굳이 반복하며 "부우―토"로 발음하는 것이 슬픔의 표현이고 울음을 단어의 긴 음으로 깨우기 때문이다. 이를 이어서 시인은

"앞섶에 흙 한 삽 안고 상주가 흩다" 우는 모습으로 누군가의 상례처럼 그린다. 이 대목에서 상주가 당사자인가 싶은 것은 "백지에 뿌린 흙이 뿌리로 뻗어가다//지긋이 아래를 눌러 바깥 일을 닫는다"는 문장에서 연유한다. 비슷한 경험이 있는 독자를 주저앉게 하는 대목인 까닭이다. 때는 마침 겨울이라 "언 땅 열어 가슴에 꽃 한 송이 놓아두듯" 모실 정도다. "지긋이" "바깥 일"을 닫아야 하는 마음가짐이 지극히 닿는 마지막 일. 그럼에도 "첫 그늘 멈칫거리다 산자락에 깊이" 들듯, 이제 산역은 끝났으니 울음도 가슴으로 거둬 두었을 것이다. 슬프지만 아름다운 이별의 극진한 예에 울림이 더 깊이 파고드는 겨울의 산역이다.

평미레로 쓸어낸 그해 봄을 붙잡고

쌓인 빛이 득실대는 붉은 입에 묻는다

망각한 울음 때문에 만나는 골이 깊다

—「고목이 된 산수유를 부여잡고」 부분

여기 나오는 "평미레"가 도구임을 아는 이가 많을까. 농촌의 도구 이름을 웬만큼 아는 입장에서도 그 형상이 쉬 그려지지 않는 평미레. '말이나 되에 곡식을 담아 그 위를 평평하게 밀어, 정확한 양을 재는 데 쓰는 방망이 모양의 기구'라는 풀이를 봐야 선명히 잡히는 모양새다. 그런 웅숭깊은 말과 그 안팎의 지경을 잘도 갖다 대는 것은 시인이 "평미레로 쓸어낸 그해 봄을 붙잡고"라는 구절을 쏙 뽑아낼 줄 알기 때문이다. 그래서 "쌓인 빚이 득실대는 붉은 입에 묻"을 줄도 넉넉히 알지 싶다. 그런데 그보다 "망각한 울음 때문에 만나는 골이 깊다"는 문장에서 망연히 붙들리는 것은 무슨 까닭일까. "고목이 된 산수유를 부여잡고" 혼자 뇌는 소리며, "망각한 울음" 같은 것들이 무연히 닿기 때문일까. "고목이 된 산수유를 부여잡고"라는 제목에서 시인의 심중을 더듬어볼 뿐이다. 다음 작품에는 시인의 최근 체험이 오롯이 담겨 있어 그림처럼 훤히 전해진다.

밀주처럼, 누룩취가 스며드는 가을비처럼

폐쇄된 광을 열고, 맑아서 신神인 것처럼

춤추듯 청향 위에서 떨어지는 기억이다

축문을 읽어가는 할아버지가 있었다

우물거린 탁음 속에 가둬버린 슬픔이

판자벽 옹이에 기어드는 해거름 길 같았다

한 뼘의 손마디가 확대되는 것처럼

소설小雪을 앞에 두고 간지를 꼽아보는

시큼한 냉국 사이로 소름 돋는 눈발이 인다

—「부의주를 빚으며」 전문

이화우 시인은 요즘 전통주 빚기에 빠져 있는데 이 작품에서 그 안팎을 여실히 볼 수 있다. "밀주처럼, 누룩취가 스며드는 가을비처럼"이라니, 초장부터 절창의 빗소리를 들려준다. 가을비를 "밀주"에 비유하는 은밀함이나 가을비를 "누룩취가 스며드는" 것으로 후각에 빗대는 은미함이나, 보기 드물게 으늑한 홍취다. 술 내릴 때 나는 소리를 "춤추듯 청향 위에서 떨어지는 기억"으로 묘사하는 것 또한 오래 발효된 체험과 상상의 차진 조합이다. 그런 기억 속에는 "축문을 읽어가는 할아버지가 있었"고, 그 할아버지의 "우물거린 탁음 속에 가둬버린 슬픔"이 있었는데, 그게 마치 "판자벽 옹이에 기어드는 해거름 길 같았다"고! 이화우의 운명을 지어주신 할아버지가 드디어 시에 나타나셨는데, 그 호명도 참으로 우묵한 "탁음"

의 구음口吟 같은 현현이다. "제삿날 큰집에 모이는 불빛도 불빛이지만"(박재삼, 「울음이 타는 가을 강」)으로 만난 제삿날 풍경만큼이나 "축문" 읽는 할아버지의 "탁음"도 먹먹한 맥놀이로 가을 저녁을 젓는다. 축문을 들어본 사람이면 제삿날 엄숙하면서도 구슬픈 느릿한 가락의 음영을 되새기게 하는 구절이다. 게다가 "소설小雪을 앞에 두고 간지를 꼽아보는" 할아버지의 현신 같은 모습은 구붓한 뒤태를 빚는다. 술 빚기에 알맞은 간지를 짚는 모습이 훤히 짚이는 시행 너머로 술 익는 냄새가 풍기는 것만 같다. 그런데 "시큼한 냉국 사이로 소름 돋는 눈발"은 또 왜 치는지, 이화우의 부의주가 한 폭의 진경을 또 빚는다. "냉국"이 '찬물에 간장과 초를 쳐서 만든 국물'이거나 '맑은장국을 끓여 차게 식힌 것'이거나, 그 문장도 묘한 "시큼함"으로 "눈발"의 진저리를 전한다. 이런 구절에서 술 좀 빚는 이화우의 술 익는 저녁 같은 호젓한 호강을 엿보는 맛도 일품이다.

그가 구하는 시조 또한 그런 발효 속에서 길어내는 고전적 품과 격이지 싶다. 「궁체 쓰는 가을날」의 풍경과 깊이 닿아 있는 고전적 아취의 발현이 곧 묵은 "누룩취"의 발휘일 것이다. 이름값 좀 하는, 아니 더해야 하는 이화우의 시조 세계는 그런 고전적 발효 속에서 더 빛난다. 그렇다고 우리가 처해 있는 현재의 삶과 괴리된 세계만 찾고 거니는 것은 아니다. 그는 현 사회의 문제나 현실 인식도 나날의 경험을 통해 진술하게 담아내고 있다. 다만 고전과 관련된 영역에서 더 완숙한 시조의 격조와 풍취로 이어지는 것이 이화우 시인의 시적 개성을 이룬다고 하겠다.

이화우는 이화우급의 시조를 써야 한다는 부담이 크지 않을까. 그의 이름을 볼 때마다 혼자 굴려본 생각은 이번 시조집 답청을 통해 어느 정도 화답을 받은 듯하다. 고전에 더 그윽이 닿은 작품들을 중심으로 살핀 후의 생각이지만, 실은 다양한 시적 개진이 이번 시조집에 많이 담겨 있다. 곳곳에서 설레며 독자들을 기다리고 있으니 많은 걸음이 시조 사이를 더 찾아 거닐기를 기대한다. 간혹은 누룩쥐 올라오는 가을 빗소리 깊숙한 시인의 뒤곁에도 찾아들기를.

가히 시인선 007

먹물을 받아내는 화선지처럼

초판 1쇄 인쇄 2024년 10월 16일
초판 1쇄 발행 2024년 10월 25일
지은이 이화우
펴낸이 김석봉
디자인 헤이존
펴낸곳 문학의전당
출판등록 제448-251002012000043호
주소 충북 단양군 적성면 도곡파랑로 178
전화 043-421-1977
전자우편 sbpoem@naver.com

ISBN 979-11-5896-666-9 03810